Marcus Taeschner

Erotic Drinks

Rezeptfotos: Brigitte Sauer

Inhalt

Appetizers

Auf die Mischung
kommt es an!

Verführung ist hohe magische Kunst! Und nur ein wahrer Meister dieser Zunft versteht es, ihre Ingredienzien gerade so zu mischen, dass sein Gegenüber rettungslos verzaubert ist. Illusion, Charme, Stil, Eleganz, Ambiente, Erotik – doch wer die Rezeptur verpanscht, erschafft nichts Sinnliches, sondern nur Sinnloses und benebelt, statt zu berauschen. Das ist im besten Wortsinne vergebliche Liebesmüh. Wer aber mit Delikatesse auf den Punkt kommt, den entschädigt das Ergebnis für so manchen hoffnungslos ver»potter«ten Versuch zuvor. Ob man das lernen kann? Klar! Ein paar gute Tipps helfen weiter beim Zaubern. Was uns zu diesem Büchlein bringt – und damit zu klassischen und bewährten Liebesträncken, verführerischen, sündigen Häppchen und aphrodisischen Ideen.

Nichts hat so viel Stil wie der richtige Drink zur rechten Zeit

Ein guter Drink ist eine Inszenierung. Er wird zelebriert, nicht einfach nur zusammengemischt. Einen Cocktail serviert man nicht – man überreicht ihn wie ein wertvolles Geschenk. Und nur, wenn er dem Gast auch schmeckt, war es ein gutes Geschenk. Erotic Drinks machen nicht betrunken – sie machen Eindruck. Vermitteln ein Lebensgefühl. Wecken Neugierde und die Lust auf mehr. Sie sind eine persönliche Hommage an einen wundervollen Menschen. Eine kleine elegante Köstlichkeit für alle Sinne. Liebevoll zubereitet, dekoriert, komponiert und mit den richtigen Worten überreicht, wird aus dem Cocktail ein Zaubertrank, der es in sich hat – selbst wenn gar kein Alkohol verwendet wurde!

Schmetterlinge
im Bauch
brauchen
Platz!

Sonst fliegen sie nicht. Da nun aber Schwimmen auch nicht wirklich die richtige Beschäftigung für Schmetterlinge ist, liegt es nahe, zu den Erotic Drinks statt eines opulenten Dinners raffinierte, kleine Snacks und leichte Liebeshäppchen zu servieren. Das schafft eine exquisite und anregende Basis für einen zauberhaften Abend und – wer weiß – für eine lange sinnliche Nacht ohne Eile, ohne Besteck und ohne Zwänge. Denn Fingerfood hat seine eigenen Gesetze: Es darf ruhig ein bisschen kleckern und krümeln beim Sauce-Dippen. Oder beim Füttern. Gegessen wird so viel man will – und solange Appetit besteht. Wobei Lammpralinen, Speckdatteln und Kaviar-Blinis nicht unbedingt nur Appetit auf noch mehr Snacks machen ...

Aphrodisiaka

Oder:

was wirklich anregt,

ist mehr als Essen und Trinken allein.

Alle wissen sie Bescheid: die Kräuterhexen und Naturheilkundler, die Schamanen, die Waldläufer, Wunderheiler und die Asienfreunde, die Fernsehköche und die Buchautoren, selbst die Chemiker und Mediziner: Heutzutage schreibt jeder mit am »what's hot and what's not« der erotischen Tränke und Speisen. Das macht die Liste nicht unbedingt verständlicher! Dabei ist es so einfach – was köstlich duftet und schmeckt und was liebevoll dekoriert und angerichtet ist, wird seine Wirkung nicht verfehlen.

aphrodisiaka

aphrodisiaka

Denn wen interessiert schon die aphrodisische Wirkung von Schwarzwurzeln, Ginseng oder Seetang, wenn sie ihm nicht munden? Wem sie aber schmecken, der fragt vor dem Genuss bestimmt nicht nach ihren überlieferten Wunder- und Nebenwirkungen. Und während der eine Austern, Kaviar und Champagner für den Inbegriff der kulinarischen Erotik hält, kühlen ihr Preis und ihre Einfallslosigkeit den anderen eher ab. Dilemma? Nein! Chance! Erotik und Verführung sind eine Herausforderung und ein Fest für alle Sinne. Zurück zu den Wurzeln! Und das bedeutet in der erotischen Küche nicht, bei Vollmond an einer bestimmten Stelle im Garten zu graben, sondern sich bei Wohlgerüchen und Gaumenfreuden auf alles zu besinnen, was schmeckt und Spaß macht. Und zwar allen Beteiligten.

Lieber zu locker
als zu steif ...
zumindest
in der Küche

Raffinierte Rezepte für köstliche Drinks und leckere Appetizer gibt es viele – und gute Tipps fürs Anrichten, Dekorieren und Servieren stehen nicht nur in diesem Büchlein. Das ist auch gut so, denn bei der Verführung zählt die ungewöhnliche Idee mehr als die strenge Regel – und Ideen entstehen aus Anregungen, nicht aus Vorschriften. »Ein Cocktail ist kein Fruchtsalat!« spricht der Bar-Profi, wirft mit der Präzision eines Dart-Spielers ein Minzzweiglein in den Drink und legt mit spitzen Fingern ein Spießchen von Ananas und Cocktailkirsche auf den Rand des vorgeschriebenen Glases. Stilvoll, keine Frage! Aber erotisch? Forget it!

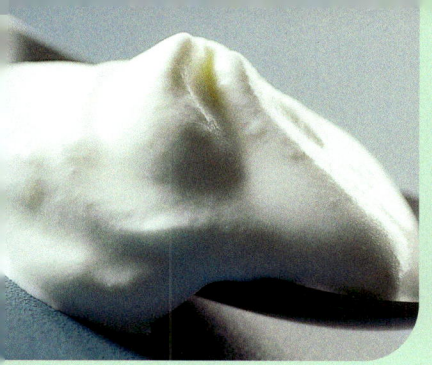

Wie wäre es stattdessen damit: Schon mal einen Piña Colada auf frischen Erdbeeren in einem großen Saftglas aufgegossen? Oder einen starken Drink, einen Mai Tai oder Daiquiri für eine zierliche Lady im Schnapsgläschen serviert? Schon mal Baileys auf Eis mit Vanilleeis »falsch verstanden«? Wer stöhnt denn da? Der Bar-Profi? Und? Wenn's ihn so freut!

Italian Gipsy

4 cl Aperol

4 cl frisch gepresster Orangen-
oder Grapefruitsaft

eiskalter, trockener
Champagner zum Auffüllen

Eiswürfel

2 Eiswürfel in ein Glas geben. Den Aperol und den Saft darüber gießen und mit Champagner auffüllen. Leicht umrühren.

Glastipp: (geeistes) Stielglas oder Champagnerkelch

Sir Henry

3 cl Calvados

2 cl Pfirsichlikör

eiskalter, trockener
Champagner zum Auffüllen

Eiswürfel

Den Calvados und den Pfirsichlikör mit 4 Eiswürfeln in
den Shaker geben, den Shaker verschließen. Alles etwa
15 Sekunden kräftig schütteln.

Den Inhalt des Shakers durch ein Barsieb in ein Glas mit
Eiswürfeln gießen und mit Champagner auffüllen.

Glastipp: (geeister) Champagnerkelch oder -tulpe

Mai Tai

4 cl frisch gepresster Limettensaft

5–6 cl brauner Rum

2 cl weißer Rum

2 cl Cointreau

1 cl Zuckersirup

2 cl Orgeat (Mandelsirup)

2 cl Roses Lime Juice

Eiswürfel

Alle Zutaten mit 4 Eiswürfeln in ein großes Glas geben und mit einem Barlöffel kräftig umrühren.

Glastipp: Longdrinkglas oder Old-Fashioned-Glas, dekorativer: ohne Eiswürfel in rustikale Tonbecher, elegante Schnaps- oder Grappagläschen umfüllen.

Scarlett O'Hara

5 cl Southern Comfort

2 cl Preiselbeersirup (Reformhaus)

2 cl frisch gepresster Zitronensaft

Eiswürfel

Alle Zutaten mit 4 Eiswürfeln in den Shaker geben, den Shaker verschließen. Alles etwa 15 Sekunden kräftig schütteln.

Den Inhalt des Shakers durch ein Barsieb in ein Glas mit Eiswürfeln gießen.

Glastipp: Cocktailschale

... »böse« Mädchen

Ein Bilderbuchsommerabend auf der Terrasse, die Luft voll Blütenduft, leise Soul Music, die nicht nur ins Herz, sondern auch weit tiefer dringt. Fast unmerklich ist man sich auf der weich gepolsterten Teakholzbank immer näher gekommen. Ihre Stimme ist ein wenig heiser und in ihren Augen blitzt silbern weich das Mondlicht. »Darf ich Deinen Drink probieren?« Wer auf diese Frage zur späten Stunde einfach nur sein Glas herüberreicht – der muss noch viel lernen! Nun, der eine oder andere reagiert vielleicht wirklich erst auf ein »Wenn Du mich jetzt nicht gleich küsst, dann schreie ich!« Aber wenn es dann ohne Schreien geht – Bitteschön. Ergebnis zählt.

sagen's ladylike!

Margarita

4 cl weißer Tequila

2 cl Orangenlikör

2 cl frisch gepresster Zitronensaft

Eiswürfel

Alle Zutaten mit 4 Eiswürfeln in den Shaker geben, den Shaker verschließen. Alles etwa 15 Sekunden kräftig schütteln.

Den Inhalt des Shakers durch ein Barsieb in ein Glas mit Eiswürfeln gießen.

Glastipp: Cocktailschale, evtl. mit Salzrand

Strawberry Margarita

5 cl weißer Tequila

2 cl Orangenlikör

2 cl frisch gepresster Zitronensaft

2 cl Erdbeersirup

3–5 frische reife Erdbeeren (oder Tiefkühl-Erdbeeren)

Eiswürfel

Die Erdbeeren waschen, putzen und die Beeren mit einem Pürierstab fein pürieren. Mit allen weiteren Zutaten und 4 Eiswürfeln in den Shaker geben, den Shaker verschließen. Alles etwa 15 Sekunden kräftig schütteln und durch ein Barsieb in ein Glas mit Eiswürfeln gießen.

Glastipp: Cocktailschale, evtl. mit Zuckerrand

MUSTs & NEVERS, DOs & DON'Ts

»Kommst Du noch auf einen Drink mit rein?« Was für eine hilflose, un-
romantische Frage. Sollte man jemals auch nur darüber nachdenken, sie
zu stellen – auf jeden Fall den Mund halten! Denn entweder ist es oh-
nehin mehr oder minder stillschweigend abgemacht, dass die Nacht
noch nicht beendet ist – in diesem Fall hat man allerdings besser eine
Flasche Champagner kalt gestellt, als sich an komplizierten Cocktail-
Kompositionen zu versuchen – oder man überstürzt lieber nichts und
gibt sich und seinem Date die Gelegenheit durchzuatmen, ein paar hei-
ße E-Mails oder Briefe zu schreiben, Blumen zu kaufen und sich auf eine aufregende Fortsetzung eines anregenden Abends zu freuen. »Darf
ich Dich morgen (übermorgen/am Mittwoch/bald) auf eine Kleinigkeit
zu mir einladen?«

Das hat Stil und Klasse und gibt einem die Chance, aphrodisierende Rezepte vorher auszuprobieren! Und dann? Was kommt ins Glas? Was auf den Tisch? Wer die Trinkgewohnheiten seines Gastes noch nicht kennt, kann sich zumindest ein wenig daran orientieren, dass Frauen meist eher vorsichtig mit leichten, fruchtigen, süßen oder sogar antialkoholischen Drinks beginnen und sich Männer in solchen Situationen gerne hollywoodlike an einem Whisky Sour, Martini oder Sidecar festhalten. Cool. Ich schau Dir in die Augen, Kleines!

Bei den Snacks lieber zu viel als zu wenig – man weiß schließlich nie, wie lange der Abend dauern, und worauf der Gast wohl stehen könnte. Was man am Nachmittag noch nicht ahnen konnte – am nächsten Morgen kennt man ihn bestimmt: den Geschmack seines Gegenübers. In jeder Hinsicht.

Stubenreine Caipirinhas

Ein Erotic Drink sieht verführerisch aus und wird weder auf einem Bier-deckel, noch in einer Pfütze serviert. Na klar! Wobei das bei Caipies nicht immer sooo einfach ist – darum hier ein echter Geheimtipp: Um-füllen. Ein sauberes Glas mit einer geachtelten, ungequetschten Limet-te vorbereiten. Dann in einem stabilen, dickwandigen »Arbeitsglas« Zucker und 1–2 weitere Limetten kräftig mit dem Stößel quetschen – denn die ätherischen Öle aus der unbehandelten, sauberen Limetten-schale machen einen Großteil des Aromas einer guten Caipirinha aus – und erst danach das entstandene Zucker-Saft-Gemisch ohne die wenig ästhetischen zerdrückten Limettenstückchen in das frische Glas umfül-len. Zuckersirup zugeben, mit crushed-ice bis zum Glasrand auffüllen und je nach Rezeptur aufgießen. Mit dem Barlöffel in stupfenden Auf- und Abwärtsbewegungen noch einmal gut durchmischen.

Fertig! Und noch ein Tipp: in einem geeisten Slammer oder Old-Fashioned-Glas sieht die Caipi besonders edel aus!

Caipirinha

1–2 Limetten
(je nach Größe, unbehandelt)
1 EL brauner Rohrzucker
6 cl Cachaca de Carice
1 cl Zuckersirup

Caipirilia

1/4–1/2 Orange, 1 EL brauner Rohrzucker,
6 cl brauner Tequila, 1 cl Zuckersirup

Caipirovka

1–2 Limetten (unbehandelt), 1 EL weißer Zucker,
6 cl Wodka, 1 cl Zuckersirup

Virgin Caipi (alkoholfrei)

1–2 Limetten (unbehandelt)
1 EL brauner Rohrzucker
6 cl Ginger Ale
1 cl Zuckersirup

Kingston Town

3 cl Orangenlikör

4 cl weißer Rum

1 cl Bananennektar

1 cl Blue Curaçao

12 cl Ananassaft

Eiswürfel

Alle Zutaten mit 4 Eiswürfeln in den Shaker geben, den Shaker verschließen. Alles etwa 20 Sekunden kräftig schütteln.

Den Inhalt des Shakers durch ein Barsieb in ein Glas mit Eiswürfeln gießen.

Glastipp: Longdrinkglas

Cool bleiben!

Mehrere gleiche Drinks auf einmal zu servieren ist immerhin schon sehr viel leichter, als mehrere verschiedene. Logisch. Cocktailrezepte können selbstverständlich verdoppelt werden. Bitte achten Sie dabei allerdings sehr genau darauf, den Shaker nicht zu voll zu füllen und genügend Eis hineinzugeben. Tipp: Da kleinere Alkoholmengen ja durchaus im Sinne anregender und aufregender Erotic Drinks sind, ist es manchmal eher angebracht, nicht das Rezept zu verdoppeln, sondern die Größe der Gläser zu halbieren.

Tipps & »Trixx«
und How to mix!

Stellen Sie Zutaten, Säfte, Spirituosen und saubere Gläser für alle Drinks, die Sie anbieten möchten, griffbereit.

Bereiten Sie die Dekoration so weit vor, dass der Drink nach dem Eingießen sofort serviert werden kann. Wird der Drink auf Eis gereicht, verteilen Sie jetzt frische Eiswürfel in den Gläsern.

Tipps und »Trixx« und How to Mix!

Für geschüttelte Drinks geben Sie 4–5 saubere, sehr kalte Eiswürfel in den Shaker und dann rasch nacheinander die Zutaten. Beachten Sie die Mengenangaben genau, messen Sie exakt und variieren Sie erst, wenn Sie einige Erfahrung gesammelt haben – der Unterschied zwischen köstlich und scheußlich ist oft winzig. Tipp: Wenn Sie noch unsicher und langsam beim Dosieren sind, geben Sie die Eiswürfel zuletzt in den Shaker.

Verschließen Sie den Shaker sicher und schütteln Sie beherzt etwa 15 Sekunden. Drinks mit Sahne oder Ei etwas stärker und länger.

Gießen Sie den Cocktail durch ein Barsieb oder durch die Öffnung des dreiteiligen Shakers ins Glas. Die Eiswürfel bleiben dabei zurück.

Komplettieren Sie die Dekoration und wischen Sie das Glas mit einem Küchentuch sauber. Oft läuft etwas über und nicht jeder Tropfen landet dort, wo er hin soll – wenn der Drink überreicht wird, muss er allerdings perfekt aussehen.

5 cl weißer Rum

3 cl frisch gepresster Zitronensaft

2 cl Zuckersirup

Eiswürfel

Alle Zutaten mit 4 Eiswürfeln in den Shaker geben, den Shaker verschließen. Alles etwa 15 Sekunden kräftig schütteln.

Den Inhalt des Shakers durch ein Barsieb in ein Glas mit Eiswürfeln gießen.

Glastipp: Cocktailschale

Sauer macht lustig
Zitrusfrüchte lieber selbst auspressen!

Orangen-, Zitronen- und Limettensaft schmecken frisch gepresst um Welten besser als ihre Pendants aus Flasche und Tetrapack. Und gerade bei den Erotic Drinks aus diesem Buch braucht man selten mehr als den Saft von einer oder bestenfalls zwei Früchten für einen Cocktail. Kleiner, aber feiner Zusatznutzen: Wenn frische Früchte verwendet werden, bleibt leicht eine Scheibe, ein Viertel oder die Schale für die Deko übrig.

Pernod Blanc

5 cl Pernod

4 cl Sahne

2 cl Orgeat (Mandelsirup)

6 cl Orangensaft

Eiswürfel

Alle Zutaten mit 4 Eiswürfeln in den Shaker geben, den Shaker verschließen. Alles etwa 30 Sekunden kräftig schütteln.

Den Inhalt des Shakers durch ein Barsieb in ein Glas mit Eiswürfeln gießen.

Glastipp: Old-Fashioned-Glas

Old Fashioned

1 TL Zuckersirup

8 Tropfen Angostura

5 cl Jack Bourbon Whiskey

Eiswürfel

Den Würfelzucker in ein Glas geben und mit dem Angostura beträufeln. Etwas klares Wasser dazugeben und den Würfelzucker mit dem Barlöffel zerdrücken.

Einige Eiswürfel in das Glas geben, mit dem Bourbon Whiskey auffüllen und mit einem Löffel umrühren.

Glastipp: Old-Fashioned-Glas

Harte Schale, sahniger Kern?

Gibt es eigentlich klassische »Männerdrinks« und typische »Damencocktails«? Ja und nein. Tatsache ist, dass eine Lady, die etwas auf sich hält, normalerweise nicht wirklich gern schon nach dem Aperitif sturzbetrunken in Schräglage geht. Und Tatsache ist auch, dass die wenigsten echten Kerle bereits vor dem Dessert ein entzückendes Sahnebärtchen im Gesicht kleben haben wollen. Das heißt aber nicht, dass Männer grundsätzlich keine Alexanders, Grashoppers oder Piña Coladas trinken, und Frauen Mai Tais, Caipirinhas oder Margaritas verachten würden. Im Gegenteil! Allerdings kommt es bei der Wahl des passenden Erotic Drinks für einen Gast, dessen persönliche Vorlieben man vielleicht erst kennen lernen möchte, wie so oft im Leben auf ein bisschen Fingerspitzengefühl an. Und natürlich auf die Größe des Glases.

Brandy Alexander

5 cl Cognac

3 cl Creme de Cacao, dunkel

3 cl Sahne

1 Msp. geriebene Muskatnuss

Eiswürfel

Alle Zutaten mit 4 Eiswürfeln in den Shaker geben, den Shaker verschließen. Alles etwa 30 Sekunden kräftig schütteln.

Den Inhalt des Shakers durch ein Barsieb in ein Glas mit Eiswürfeln gießen. Etwas Muskatnuss darüber reiben.

Glastipp: (geeiste) Cocktailschale

Varianten

Zubereitung wie oben

beschrieben

Malibu Alexander mit 6 cl Malibu, 2 cl Kokossirup, 3 cl Sahne und zur Deko Kokosraspeln oder Mangospalten

Orange Alexander mit 5 cl Cointreau, 3 cl Creme de Cacao, hell, 3 cl Sahne und zur Deko geriebene Orangenschale

Amaretto Alexander mit 6 cl Amaretto, 2 cl Mandellikör (Orgeat), 3 cl Sahne und zur Deko Kakaopulver

Grashopper

4 cl Creme de Menthe Liqueur

3 cl Creme de Cacao, hell

3 cl Sahne

1 Msp. geriebene Pistazie

Eiswürfel

Alle Zutaten mit 4 Eiswürfeln in den Shaker geben, den Shaker verschließen. Alles etwa 30 Sekunden kräftig schütteln.

Den Inhalt des Shakers durch ein Barsieb in ein Glas mit Eiswürfeln gießen. Etwas Pistazie darüber reiben.

Glastipp: Cocktailschale

King Kong

6 cl Bananennektar

8 cl weißer Rum

4 cl Maracujanektar

2 cl Bananensirup

Eiswürfel

Alle Zutaten mit 4 Eiswürfeln in den Shaker geben, den Shaker verschließen. Alles etwa 20 Sekunden kräftig schütteln.

Den Inhalt des Shakers durch ein Barsieb in ein Glas mit Eiswürfeln gießen.

Glastipp: Cocktailschale

Das Beste
ist gerade gut genug?
Quatsch!

Oder würden Sie einen 30 Jahre alten Whiskey mit Fruchtsäften mischen oder einen sündhaft teuren Jahrgangs-Champagner mit Fruchtmark »verfeinern«? Es empfiehlt sich allerdings, bei den Säften nicht zu sparen. Wählen Sie Markenprodukte mit wenig Zuckerzusatz und hohem Fruchtanteil aus der Glasflasche. Für die Spirituosen gilt: Verwenden Sie nichts, was sie nicht auch ungemischt trinken würden, verschwenden Sie allerdings auch keine alkoholischen Kostbarkeiten und Raritäten, wo das Cocktailrezept deren Klasse nicht entgegenkommt. Kenner kaufen eine Kategorie besser ein, als in ihrer Lieblingsbar verwendet wird. Das ist meist noch bezahlbar – und den Qualitätsunterschied schmeckt man deutlich.

Das Beste ist gerade gut genug? Quatsch!

Martini Dry

5 cl Gin
1 cl Vermouth Dry
Eiswürfel

Einige Eiswürfel in ein Glas geben, den Gin und den Vermouth dazugießen. Kurz aber kräftig mit einem Löffel verrühren und durch ein Barsieb in ein geeistes Martiniglas gießen.

Glastipp: Geeistes Martiniglas

Von (den) Sinnen
und der Sinnlosigkeit,
alles richtig machen zu wollen.

Man muss sich schon riechen können, um einander probieren zu wollen. Und wem nicht schmeckt, was er sieht, den verführen auch die süßesten Worte nicht. Die Chemie der Sympathie ist subtil und delikat. Und manchmal schwer verständlich! Denn sind nicht alle Sinne geschärft, lassen sie sich auch nicht verwirren – und erst in äußerster Verwirrung wird manchem wirklich klar, was er eigentlich will... So viel zur Theorie. Die Praxis der sinnlichen Verführung liest sich einfacher: alles muss stimmen. Easy! Keine Panik! Das bedeutet nicht, alles muss perfekt sein. Im Gegenteil. Oft sind es erst die kleinen Fehler, die etwas Schönes unvergesslich machen.

Wen stört es also, wenn die (w)rhapsodies ein bisschen schief gewickelt, die Lammpralinen alle ungleich groß geworden sind und das liebevoll dekorierte Fruchtspießchen-Ikebana im Piña Colada das Logo einer großen Softdrink-Firma auf dem Becherglas mehr schlecht als recht verdeckt? Die Lammpralinen werden duften wie Urlaub in der Bretagne, der köstliche Cocktail wird dem Slogan »Always the real thing!« im besten Sinne entsprechen.

Und die angedünsteten Gemüsestreifen aus dem explodierten (w)rhapsody lassen sich wunderbar beiläufig und mit einem Augenzwinkern an Ihr bezauberndes Gegenüber verfüttern! Lachen schüttet Glückshormone aus und die wiederum verwirren die Sinne... Wenn dann auch noch die Musik stimmt, die Kerzen flackern und ein Hauch von Parfum in der Luft liegt, kann doch eigentlich nichts mehr schief gehen, oder?

4 cl Cognac

2 cl Orangenlikör

2 cl frisch gepresster Zitronensaft

Eiswürfel

Alle Zutaten mit 4 Eiswürfeln in den Shaker geben, den Shaker verschließen. Alles etwa 15 Sekunden kräftig schütteln.

Den Inhalt des Shakers durch ein Barsieb in ein Glas mit Eiswürfeln gießen.

Glastipp: Cocktailglas

Schokofrüchte

weiße und braune Kuvertüre

Erdbeeren, Physalis, Weintrauben oder andere süße Früchte in mundgerechter Größe

Die weiße und die braune Kuvertüre getrennt im Wasserbad schmelzen, etwas abkühlen lassen. Die Früchte vorsichtig waschen, ohne sie zu zerdrücken.

Die Erdbeeren zur Hälfte z.B. in die dunkle Kuvertüre, die Physalis zur Hälfte z.B. in die weiße Kuvertüre tauchen etc. Auf eine mit Backpapier ausgelegte Fläche setzen und abkühlen lassen.

Eins und eins, das macht zwei. Und Arbeit...

Um mehrere unterschiedliche Rezepturen nacheinander zu mixen, ist ein wenig Organisation vonnöten. Da fertige Drinks auf keinen Fall zu lange stehen sollten, bevor sie serviert werden, zuerst den komplizierteren Cocktail mischen, danach den einfacheren. Wenn beide Drinks geschüttelt werden, Shaker und Barsieb dazwischen unbedingt kalt, ohne Spülmittel ausspülen und gründlich abtrocknen. Ein verwässerter Drink ist genauso ungenießbar wie einer, der nach Zutaten schmeckt, die nicht hineingehören. Gehen Sie schrittweise vor: zuerst alle Drinks fertig machen und eingießen, dann dekorieren und schließlich alle Gläser säubern und servieren.

Irish Coffee

4 cl Irish Whiskey
1–2 TL brauner Zucker (darf nach
Belieben auch etwas mehr sein)
1 Tasse sehr starker heißer
Kaffee (125 ml)
2 EL Schlagsahne

Ein Irish-Coffee-Glas vorwärmen: mit heißem Wasser füllen, 1–2 Min. stehen lassen, das Wasser wieder abgießen.

Den Whiskey, den Zucker und den Kaffee in das Glas geben und gut verrühren, bis sich der Zucker ganz aufgelöst hat. Die Sahne vorsichtig als Haube auf den Drink setzen und diesen sofort servieren.

Glastipp: Irish-Coffee-Glas oder Longdrinkglas

French and it

French and it

3 cl Cognac

3 cl Galliano

4 cl Sahne

Schokoladenraspel

Eiswürfel

Alle Zutaten mit 4 Eiswürfeln in den Shaker geben, den Shaker verschließen. Alles etwa 30 Sekunden kräftig schütteln.

Den Inhalt des Shakers durch ein Barsieb in ein Glas mit Eiswürfeln gießen.

Glastipp: Cocktailschale

Klirrende Kälte:
Eiswürfel

Ein paar Tipps zum Eis: Folienbeutel oder umweltfreundliche verschließbare Eiswürfelformen verwenden! Eisfachgerüche und Gewürzaromen überdecken die feinen Nuancen eines Cocktails. Eiswürfel dürfen nicht antauen. Sie müssen extrem kalt sein, sich absolut trocken anfühlen und an der Haut kleben, wenn man sie berührt. Sonst verwässert der Drink zu schnell. Deswegen crushed-ice lieber selbst herstellen als aus der Kneipe um die Ecke mit der Kühltasche zu transportieren!

Jack Dempsey

2 cl Calvados

2 cl Gin

2 cl Triple Sec Curaçao

2 cl frisch gepresster Zitronensaft

1 cl Grenadinesirup

einige Tropfen Pernod

Eiswürfel

Alle Zutaten mit 4 Eiswürfeln in den Shaker geben, den Shaker verschließen. Alles etwa 15 Sekunden kräftig schütteln.

Den Inhalt des Shakers durch ein Barsieb in ein Glas mit Eiswürfeln gießen.

Glastipp: Old-Fashioned-Glas

White Russian

3 cl Wodka

3 cl Kaffeelikör

1 gehäufter EL ganz leicht

geschlagene Sahne

Eiswürfel

Einige Eiswürfel in ein Glas geben, den Wodka und den Kaffeelikör dazugießen. Alles kurz und kräftig mit dem Barlöffel rühren, dann durch ein Barsieb in ein Glas mit Eiswürfeln gießen. Die nur leicht geschlagene Sahne vorsichtig als Haube darauf setzen.

Glastipp: Kleines Stilglas, Champagnerkelch oder traditionelles Grappa- oder Amarettogläschen

Bossa Nova

2 cl Galliano
2 cl weißer Rum
1 cl Orangenlikör
8 cl Ananassaft
1 cl frisch gepresster Zitronensaft
Eiswürfel

Alle Zutaten mit 4 Eiswürfeln in den Shaker geben, den Shaker verschließen. Alles etwa 15 Sekunden kräftig schütteln.

Den Inhalt des Shakers durch ein Barsieb in ein Glas mit Eiswürfeln gießen.

Glastipp: Longdrinkglas

Golden Dream

3 cl Orangenlikör
3 cl Galliano
3 cl Orangensaft
3 cl Sahne
Eiswürfel

Alle Zutaten mit 4 Eiswürfeln in den Shaker geben, den Shaker verschließen. Alles etwa 30 Sekunden kräftig schütteln.

Den Inhalt des Shakers durch ein Barsieb in ein Glas mit Eiswürfeln gießen.

Glastipp: Cocktailschale oder Champagnerkelch

Tropic Bitter

2 cl Cinzano Bitter

2 cl Gin

3 cl Orangenlikör

4 cl frisch gepresster Orangensaft

Bitter Orange zum Auffüllen

Eiswürfel

Alle Zutaten mit 4 Eiswürfeln in den Shaker geben, den Shaker verschließen. Alles etwa 15 Sekunden kräftig schütteln.

Den Inhalt des Shakers durch ein Barsieb in ein Glas mit Eiswürfeln gießen und nach Geschmack mit Bitter Orange auffüllen.

Glastipp: Longdrink- oder Fantasyglas

Gimlet

4 cl Gin

2 cl frisch gepresster Limettensaft

Soda oder Mineralwasser zum Auffüllen

Eiswürfel

Gin und Limettensaft mit 4 Eiswürfeln in ein Rührglas geben. Kurz aber kräftig mit einem Löffel verrühren und durch ein Barsieb in ein Glas mit Eiswürfeln gießen.

Auf Wunsch und je nach Geschmack mit Soda- oder Mineralwasser auffüllen.

Glastipp: Cocktailschale

Sweet Temptation

2 cl Erdbeersirup

2 cl Sahne

6 cl Ananassaft

4 cl Maracujanektar

4 cl Aprikosennektar

2 cl Batida de Coco

4 cl weißer Rum

Eiswürfel

Alle Zutaten mit 4 Eiswürfeln in den Shaker geben, den Shaker verschließen. Alles etwa 30 Sekunden kräftig schütteln.

Den Inhalt des Shakers durch ein Barsieb in ein Glas mit Eiswürfeln gießen.

Glastipp: Longdrink- oder Fantasyglas

Alien in love

8 cl frisch gepresster Orangensaft

8 cl Ananassaft

2 cl grüner Pfefferminzsirup

2 cl Kokossirup

2 Spritzer Limettensaft

je 2 cl weißer und brauner Rum

Eiswürfel

Alle Zutaten mit 4 Eiswürfeln in den Shaker geben, den Shaker verschließen. Alles etwa 20 Sekunden kräftig schütteln.
Den Inhalt des Shakers durch ein Barsieb in ein Glas mit Eiswürfeln gießen.

Glastipp: Longdrink- oder Fantasyglas

Kleine Elfe

3 cl brauner Rum

1 cl Orangenlikör

2 cl frisch gepresster Limettensaft

eiskalte Cola zum Auffüllen

Eiswürfel

Rum, Orangenlikör und Limettensaft mit 3 Eiswürfeln in ein Glas geben und mit dem Barlöffel kräftig durchrühren. Vorsichtig mit Cola aufgießen – schäumt stark!

Glastipp: Longdrinkglas, Old-Fashioned-Glas

Irish Lady

4 cl Irish Whiskey

2 cl Orangenlikör

2 cl frisch gepresster Zitronensaft

1 cl Erdbeersirup

Tonic Water zum Auffüllen

Eiswürfel

Whiskey, Orangenlikör, Zitronensaft und Erdbeersirup mit 4 Eiswürfeln in den Shaker geben, den Shaker verschließen. Alles etwa 15 Sekunden kräftig schütteln.

Den Inhalt des Shakers durch ein Barsieb in ein Glas mit Eiswürfeln gießen und nach Geschmack mit Tonic Water auffüllen.

Glastipp: Longdrinkglas

Catkisses

10 cl Ananassaft

4 cl Orangensaft

2 cl Kokossirup

2 cl Sahne

Eiswürfel

Alle Zutaten mit 4 Eiswürfeln in den Shaker geben, den Shaker verschließen. Alles etwa 30 Sekunden kräftig schütteln.

Den Inhalt des Shakers durch ein Barsieb in ein Glas mit Eiswürfeln gießen.

Glastipp: Longdrinkglas oder Fantasy-Glas

Sommernachtstraum

10 cl Orangensaft

6 cl Maracujanektar

2 cl Mandelsirup (Orgeat)

2 cl Sahne

Eiswürfel

Alle Zutaten mit 4 Eiswürfeln in den Shaker geben, den Shaker verschließen. Alles etwa 30 Sekunden kräftig schütteln.

Den Inhalt des Shakers durch ein Barsieb in ein Glas mit Eiswürfeln gießen.

Glastipp: Longdrinkglas oder Fantasy-Glas

pussy Foot

Pussy Foot

2 cl Grenadinesirup

6 cl Ananassaft

6 cl Orangensaft

6 cl Grapefruitsaft

Alle Zutaten mit 4 Eiswürfeln in den Shaker geben, den Shaker verschließen. Alles etwa 15 Sekunden kräftig schütteln.

Den Inhalt des Shakers durch ein Barsieb in ein Glas mit Eiswürfeln gießen.

Glastipp: Longdrinkglas oder Fantasy-Glas

BLOODY

Bloody Mary

6 cl Wodka

1 cl frisch gepresster Zitronensaft

2 Spritzer Worcestersauce

2 Spritzer Tabasco

Tomatensaft, Eiswürfel

1 Prise Salz, schwarzer Pfeffer

Wodka und Zitronensaft mit 4 Eiswürfeln im Glas verrühren, mit Tomatensaft aufgießen. Mit Worcester- und Tabascosauce würzen, kräftig mit Salz und frisch gemahlenem Pfeffer abschmecken.

Alkoholfreie Variante Virgin Mary: anstelle des Wodkas 2 cl Mineralwasser mit viel Kohlensäure verwenden.

Lust, Duft und Inspiration!

Friedrich Schiller inspirierte der intensive Duft lagernder Äpfel, Caspar David Friedrich leckte das Meersalz von Kieseln und Muschelschalen. Düfte und Aromen regen die Fantasie an, wecken Assoziationen und befreien den Geist. Essen, Trinken, Erotik und Sex sind so eng miteinander verknüpft, wie man sich nur vorstellen kann. Sinnlichkeit, Genuss, Begierde – Düfte machen Appetit. Der Hauch des richtigen Parfums zwischen zweien, die sich »riechen« können, weckt die Lust, köstlichen Atem in einem langen Kuss zu trinken.

Die Wohlgerüche kulinarischer Leckerbissen lassen einem das Wasser im Munde zusammenlaufen und brennendes Verlangen entstehen, das Wahrgenommene auch zu schmecken. Wie viele Zärtlichkeiten geben und nehmen Lippen, Zungen und Zähne. Wie viele Köstlichkeiten spüren, lecken, beißen sie.

Kaum ein Gefühl – und kaum ein sinnliches Mahl – ohne Duft. Keine Angst vor starken Aromen! Knoblauch, Chili, Curry – solange beide davon naschen, werden die Küsse so gut schmecken wie das Essen. Vorsicht nur mit starkem Parfum. Es raubt den Atem, überdeckt die Raffinesse feiner Kräuter und wirkt selbst neben einem fruchtigen Cocktail noch fremd. Und wer es kostet, wird im wahrsten Sinne des Wortes bitter bestraft.

Roadrunner-Häppchen

Straußen-Toasties

**200 g Straußensteak
(ersatzweise Minutensteaks
vom Rind)
3 Scheiben gutes Weißbrot
2 TL Öl
50 ml Pflaumenwein**

Das Fleisch waschen, trockentupfen und in ca. 1/2 cm dünne Streifen schneiden. Das Weißbrot entrinden und jede Scheibe in 4 Quadrate schneiden. Das Öl in einer beschichteten Pfanne erhitzen und die Mini-Steaks darin 3 Min. bei starker Hitze anbraten. Dabei mehrmals wenden. Die Hitze reduzieren und das Fleisch weitere 3–4 Min. unter Wenden braten.

Die Hitzezufuhr wieder erhöhen, den Pflaumenwein angießen und die Steaks darin noch 1/2 Min. bruzzeln. Je 1 Steak auf 1 Weißbrotquadrat setzen, mit einem Cocktailspießchen befestigen. Warm servieren.

Curry mit Attitüde – Karisma

100 g Joghurt mit 3 EL fettarmer Salatcreme, 7 Tropfen Zitronensaft, 1 TL Currypulver und nach Geschmack 4–6 TL Mango-Chutney gut verrühren – am besten mit Hilfe eines Pürierstabs.
Schmeckt zu den Roadrunnern, den Maritime Dreams, den Lammpralinen sowie zu kurz gebratenem Fleisch und Geflügel, zu Fladenbrot, Crackern und Crunchern aller Art.

Zart und hart

Schinkenbananen und Speckdatteln

2 nicht zu reife Bananen

10 hauchdünne Scheiben roher

Schinken (Südtiroler oder Parma)

2 TL Öl

100 g getrocknete Datteln

ohne Stein

60 g Bacon in dünnen Scheiben

20 Cocktailspieße

Die Bananen schälen und jeweils in 5 etwa gleich große Stücke schneiden. Jedes Bananenstück mit 1 Scheibe Schinken umwickeln und mit 1 Cocktailspieß feststecken. 1 TL Öl in einer beschichteten Pfanne erhitzen. Die Speckbananen darin von allen Seiten bei mittlerer Hitze braten, bis der Schinken sich dunkel färbt.

Jeweils 1 Dattel mit Bacon umwickeln und mit einem Cocktailspieß feststecken. In 1 TL heißem Öl in 3 Min. von allen Seiten knusprig braten.

Lovebird

Chili-Hähnchen auf Ananasrelish

1 Knoblauchzehe

2 1/2 EL Öl

1 EL Zitronensaft

1/2 getrocknete Chilischote (ersatzweise 1 frische rote Chilischote)

1 Hähnchenbrustfilet

1 kleine Dose Ananas im eigenen Saft
(Abtropfgewicht 260 g)

2 dünne Frühlingszwiebeln

1–2 grüne Chilischoten

ca. 20 Blättchen Basilikum

4 EL frisch gepresster Limettensaft

2 TL brauner Zucker

Salz, schwarzer Pfeffer

Den Knoblauch abziehen, in dünne Scheiben schneiden und mit 2 EL Öl, Zitronensaft, der zerriebenen Chilischote, etwas Salz und Pfeffer verrühren. Das Hähnchenfleisch waschen, trockentupfen und in mundgerechte Würfel schneiden. Mit der Marinade gut mischen und zugedeckt 1 Std. im Kühlschrank marinieren.

Die Ananasringe in sehr feine Stücke schneiden. Die Frühlingszwiebeln putzen, waschen, den weißen und hellgrünen Teil in sehr feine Ringe schneiden. Die Chilischoten längs aufschlitzen, entkernen, die Stielansätze abknipsen und die Chili fein würfeln. Basilikumblättchen waschen, trockenschütteln und in feine Streifen schneiden. Den Limettensaft mit Zucker, Salz und Pfeffer verrühren, bis sich der Zucker gelöst hat. Alle Zutaten für das Relish mit dem Dressing mischen, 1 Std. durchziehen lassen.

1 TL Öl in einer beschichteten Pfanne erhitzen, die Hähnchenwürfel darin unter Wenden von allen Seiten 6–7 Min. braten. Mit dem Ananas-Relish auf 2 Tellern anrichten, mit Basilikumblättchen garnieren.

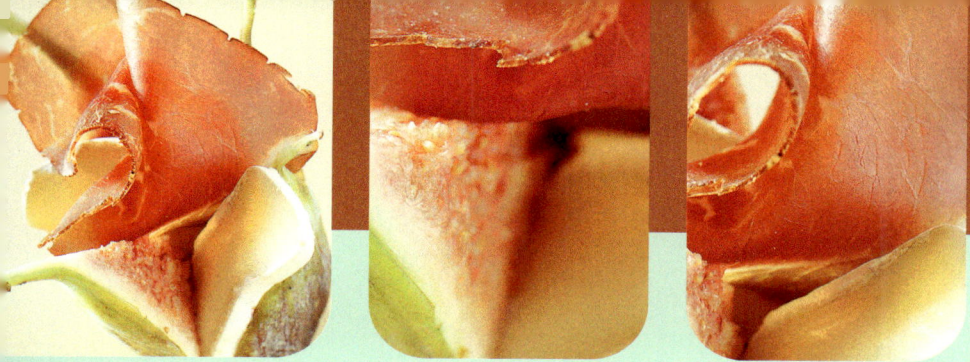

Scharfer Ingwer-Dip

4 EL frisch gepresster Limettensaft

2 EL Orangensaft (ersatzweise Maracujanektar)

1 TL grüne Wasabi-Paste (Asia-Laden)

1/2 TL Zucker

1/2 TL frisch geriebener Ingwer

Den Limettensaft mit Orangensaft, Wasabi-Paste und dem Zucker verrühren, bis sich der Zucker gelöst hat. Den Ingwer unter die Sauce mischen und mindestens 1 Std. durchziehen lassen.

Tipp: Nicht mehr umrühren. Wer tiefer dippt, dem (der ?!) wird ordentlich scharf, wer nur von der Oberfläche kostet, erfährt eine leichte Schärfe, die die Lust steigert.

Verführerische Häppchen

Feigen – klassische kulinarische Verführer – machen so noch mehr her: vierteln, den Stielansatz herausschneiden und nach Geschmack mit je 1 Cocktailspießchen aufgerollte dünne Scheiben **Bresaola, Serrano-Schinken** oder **Bündner Fleisch** bzw. mundgerechte Würfel **jungen Camemberts, Feta** oder **milden Gorgonzolas** darauf feststecken.

Rising-Sun-Röllchen

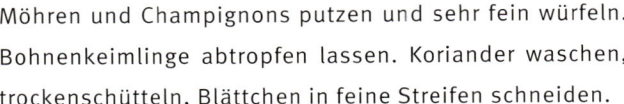

Reispapierröllchen mit Currygemüse

2 kleine Möhren

3 große Champignons

3 EL Bohnenkeimlinge (frisch oder aus der Dose)

1/2 Bund Koriander

12 Blätter Reispapier

2 TL Öl

1 Msp. scharfer roter Curry (Asialaden)

Möhren und Champignons putzen und sehr fein würfeln. Bohnenkeimlinge abtropfen lassen. Koriander waschen, trockenschütteln, Blättchen in feine Streifen schneiden.

Jeweils 2 Blätter Reispapier auf einen flachen Teller legen und 1 Min. unter fließendem Wasser von beiden Seiten einweichen. Jeweils übereinander auf ein leicht ange-feuchtetes Geschirrtuch legen, etwas trocknen lassen.

1 TL Öl in einer beschichteten Pfanne erhitzen, den Curry darin kurz anbraten, die Möhren hinzufügen und unter Rühren bei starker Hitze 2 Min. braten. Die Champignons und die Sprossen zugeben und 2 Min. pfannenrühren. Vom Herd nehmen und den Koriander untermischen.

Die doppelt liegenden Reisblätter einmal mittig durch-schneiden. Auf einer Seite der Halbkreise je 1 EL Gemüse verteilen. Von dieser Seite aus aufrollen. Die beiden En-den leicht einschlagen. Erneut etwas Öl erhitzen, die Reis-papierröllchen bei mittlerer Hitze darin 2 Min. trocknen, dabei dreimal wenden.

Maritime Dreams

Teigtäschchen
mit Riesengarnelen

10 Garnelenschwänze (tiefgefroren)

250 g Mehl

1 Ei (Größe S)

2 TL Öl

Die Garnelenschwänze antauen lassen. Das Mehl in eine Schüssel sieben, mittig eine Mulde hineindrücken. Das Ei hineingeben und mit einem Teil des Mehls gut verrühren. Nach und nach 90 ml lauwarmes Wasser hinzufügen und alles mit den Händen zu einem glatten Teig verkneten. In ein angefeuchtetes Geschirrtuch wickeln, 20 Min. an einem warmen Ort ruhen lassen.

Währenddessen 1 TL Öl in einer beschichteten Pfanne erhitzen, die Riesengarnelen darin je nach Größe in 4–6 Min. rundum rosa braten, dabei mehrmals wenden. Auf einem Teller beiseite stellen.

Den Teig zu einer Rolle mit etwa 4 cm Durchmesser formen. In 10 Stücke schneiden. Jedes Stück zu einem Kreis von etwa 10 cm Durchmesser ausrollen, 1 Garnele in die Mitte legen, den Teig zu einem Halbkreis zusammenklappen, die Seiten gut andrücken.

1 TL Öl in der Pfanne erhitzen und die Teigtaschen darin von beiden Seiten in 7 Min. knusprig braten. Dabei mehrmals wenden.

Feine Lachs-Burritos

- 120 g Weizenmehl
- 50 g Buchweizenmehl
- 1 TL Salz
- 2 Eigelbe
- 150 ml lauwarme Milch
- 120 g flüssiger Honig
- 2 EL mittelscharfer Senf
- ca. 8 Stängel frischer Koriander
- 12 Blättchen Rucola oder Feldsalat
- 1 TL Öl
- 300 g Räucherlachs

Mehl und Salz mischen. Die Eigelbe mit der Milch verquirlen und mit den Rührbesen des Handrührgeräts mit der Mehlmischung und 8 EL Wasser verrühren. 45 Min. quellen lassen.

Honig und Senf gut verrühren. Den Koriander waschen, trockenschütteln, in feine Streifen schneiden und untermischen. Den Rucola verlesen, waschen und trockenschütteln.

Das Öl in einer beschichteten Pfanne erhitzen und aus dem Teig bei mittlerer Hitze nacheinander 4 große, dünne Fladen in ca. 2 Min. ausbacken, dabei zweimal wenden. Der Teig muss leicht feucht bleiben.

Jeden Teigfladen dünn mit der Honig-Sauce bestreichen, gleichmäßig mit Rucola und 2 Scheiben Räucherlachs belegen und aufrollen. Jede Rolle in 3 Stücke schneiden, durch jedes Röllchen einen Cocktailspieß stecken und mit der restlichen Sauce servieren.

im Bild vorn: Lammpralinen (S. 66)

Lammpralinen

1 Ei (Größe M)

1 TL Salz, schwarzer Pfeffer

250 g Lammhack

1/2 rote Paprikaschote

1/2 TL frisch geriebener Ingwer

1/2 Bund frische Minze

1/2 TL Öl

Das Ei mit dem Salz und reichlich Pfeffer verquirlen und mit Hilfe einer Gabel gut mit dem Lammhack vermischen. Die Paprikaschote putzen und waschen. Das Fruchtfleisch in sehr schmale Streifen schneiden, diese fein würfeln und unter das Hackfleisch ziehen.

Die Masse teilen. Die Minze waschen, trockenschütteln und sehr fein hacken. Die Minze gleichmäßig unter eine Hälfte des Fleischteigs mischen, den Ingwer unter die andere. Jeweils 10 kleine Bällchen daraus formen, diese flach drücken – etwa daumendick – und mit den Fingern ein Herz formen. Eine beschichtete Pfanne mit sehr wenig Öl ausstreichen, erhitzen und die Herzchen darin 10–12 Min. braten. Dabei mehrmals wenden.

Dazu schmeckt die Minzcreme.

Tipp: Auch wenn weder Ingwer noch Minze zur Hand sind, schmecken die Lammpralinen, denn das Lammfleisch verfügt über ein starkes Eigenaroma. Wichtig ist das regelmäßige Wenden der Herzchen, damit sie schön zart und knusprig braten.

Minzcreme

100 g Joghurt

50 g Quark

2–3 EL leichte Salatcreme

(ersatzweise Mayonnaise)

1 Bund frische Minze

2 TL Minzsirup

Salz, Pfeffer

Den Joghurt mit dem Quark glatt rühren, mit Salz und Pfeffer pikant abschmecken. Die Salatcreme unterrühren. Die Minze waschen, trockenschütteln und sehr fein hacken. Noch besser: im Mörser fein zerreiben. Zusammen mit 1 TL Minzsirup unter die Joghurtcreme rühren. Mit dem restlichen Minzsirup abschmecken und mindestens 30 Min. zugedeckt im Kühlschrank durchziehen lassen.

Schmeckt zu Lammpralinen, Maritime Dreams, zu kurz gebratenem Fleisch und Geflügel uvm.

Variante Currycreme: Joghurt, Quark, Salatcreme, Salz und Pfeffer wie beschrieben verrühren. 1/2 TL frisch geriebenen Ingwer und 2–3 TL Currypulver unterrühren. Mit 1 Spritzer Limettensaft abschmecken. 1 hart gekochtes Ei in feine Würfel schneiden und unterrühren.

Don Giovannis

68

Parmesanplätzchen

50 g Mehl

1 Eigelb

40 g Parmesan

Salz

mildes Currypulver

40 g kalte Butter

Das Mehl in eine kleine Schüssel sieben, mittig eine kleine Mulde hineindrücken. Das Eigelb mit dem Parmesan, etwas Salz und dem Currypulver verquirlen und in die Mulde gießen. Mit den Knethaken des Handrührgeräts mit einem Teil des Mehls verrühren.

Die kalte Butter in Flöckchen auf dem restlichen Mehl verteilen und alles rasch – zunächst mit den Knethaken, dann mit den Händen – zu einem glatten Teig verkneten. Diesen 10 Min. zugedeckt im Kühlschrank ruhen lassen. Den Ofen auf 200° vorheizen.

Den Parmesanteig zu einer kleinen Rolle von etwa 3 cm Durchmesser formen und in etwa 18 Plätzchen schneiden. Diese auf ein mit Backpapier ausgelegtes Backblech setzen und bei 200° (Umluft, oben) 10 Min. backen. Herausnehmen, auskühlen lassen.

Schmecken immer und machen Lust auf mehr – besonders gut zu Martini, Bloody Mary oder Jack Dempsey.

Blinis mit Kaviar

30 g Weizenmehl

50 g Buchweizenmehl

1 TL Salz

2 Eier

1 TL Öl

Crème fraîche oder saure Sahne

Forellenkaviar

Mehl und Salz mischen. Die Eigelbe mit 100 ml Mineralwasser verquirlen und – portionsweise zugeben – mit den Rührbesen des Handrührgeräts mit dem Mehl gut verrühren. Zugedeckt 30 Min. quellen lassen.

Das Öl in einer beschichteten Pfanne erhitzen, darin Blinis aus jeweils 2 EL Teig ausbacken. Mit 1 Klecks saurer Sahne und dem Forellenkaviar servieren.

Tipp: Wenn Geldbeutel und Anlass es »hergeben«, darf es auch mal ein Döschen Beluga-Kaviar sein!

Zimt Dip

Zimt-Dip

150 g Joghurt
3/4 TL Zimtpulver
1 sehr kleine Knoblauchzehe
Salz, Pfeffer

Den Joghurt mit dem Zimtpulver gut verrühren. Die Knoblauchzehe abziehen, durch die Knoblauchpresse drücken oder sehr fein schneiden und unter den Joghurt rühren. Mit einer Prise Salz und Pfeffer abschmecken. Mindestens 30 Min. durchziehen lassen.

Stark aphrodisierend – wenn beide davon essen (Knoblauch!). Zu Fladenbrot, Gemüsesticks, Crackern.

Guacamole

1 rote Chilischote
1 sehr kleine Knoblauchzehe
1/2 Schalotte
1 reife Avocado
2–3 EL frisch gepresster Limettensaft
Salz, schwarzer Pfeffer

Die Chilischote längs aufschlitzen, entkernen, die Stielansätze abknipsen und in feine Streifen schneiden. Den Knoblauch und die Schalotte abziehen, fein würfeln. Die Avocado halbieren, den Kern entfernen, das Fruchtfleisch mit einem Löffel aushöhlen. Alle Zutaten mit einem Pürierstab pürieren. Mit Pfeffer und Salz abschmecken.

Tomaten-Tunfisch-Dip

1/2 Dose Tunfisch im eigenen Saft

1/2 Bund Basilikum

2 EL Joghurt

1 EL Schmand

1 EL Tomatenmark

2–3 TL frisch gepresster Limettensaft

3 TL helle Sojasauce

1/2 TL scharfes Paprikapulver

schwarzer Pfeffer

Tunfisch in einem Sieb abtropfen lassen. Basilikum waschen, trockenschütteln und die Blättchen in feine Streifen schneiden. Joghurt mit Schmand, Tomatenmark, 2 TL Limettensaft, Sojasauce und Paprikapulver gut verrühren, mit dem restlichen Limettensaft und Pfeffer abschmecken. Den Tunfisch unterrühren und mindestens 30 Min. durchziehen lassen.

Schmeckt zu Crackern, Baguette oder zu Gemüse-Sticks.

Dolce Vita!

Eine hocharomatische Köstlichkeit – Mozzarella-Erdbeerspießchen. Unbedingt mit Mozzarella di bufala (Büffelmozzarella) zubereiten!

150 g Mozzarella di bufala in mundgerechte Würfel schneiden. 400 g **Erdbeeren** vorsichtig waschen, putzen, trockentupfen und halbieren. Jeweils 2 Käsewürfel und 3 Erdbeerhälften abwechselnd auf Cocktailspießchen stecken. Jeden Spieß mit wenigen Tropfen **Aceto Balsamico** beträufeln und **schwarzen Pfeffer** aus der Mühle darüberstäuben.

Liebes-bisschen

1 reife Papaya längs durchschneiden, die Kerne mit einem Löffelchen herauskratzen. Die Papayahälften schälen und in mundgerechte Würfel schneiden. **12 Garnelenschwänze** (tiefgekühlt) in sehr wenig **Öl** von beiden Seiten in 6 Minuten rosa braten. Auf Küchenpapier abtropfen lassen und mit Hilfe eines Cocktailspießchens auf 12 der Papayawürfel stecken. Mit wenig mildem Currypulver bestäuben und mit der restlichen Papaya servieren.

Knusper-
plätzchen

Schmecken warm oder kalt, können also bereits weit im Voraus zubereitet werden und sind ideal zum Dippen!

1 Pck. tiefgekühlten Frühlingsrollenteig (Asialaden) auftauen lassen, jeweils zwei Blätter zusammen abnehmen. Diese »Päckchen« nebeneinander auf der Arbeitsfläche ausbreiten und die Hälfte dünn mit **Senf**, die andere Hälfte dünn mit **Wasser** bestreichen. Den Senf mit **frisch geschnittenem Koriander** bestreuen. Das Wasser dünn mit einer Mischung aus **Curry- und Ingwerpulver** bestäuben. Den Frühlingsrollenteig zu Röllchen aufrollen oder mittig zusammenklappen. Eine beschichtete Pfanne dünn mit **Öl** bestreichen, erhitzen und den Teig in 1 Min. bei mittlerer Hitze zu knusprigen Crackern ausbacken.

Dekotipps

oder:

wie aus einem Magenbitter

ein Liebestrank wird.

Was macht einen Cocktail erotisch? Logisch: die Lippen, die ihn trinken. Im Klartext: Ein anspruchsvoller Aperitif bei einem Geschäftsessen wird kaum aphrodisisch wirken – allerdings wird dieser Cocktail vermutlich weder mit funkelnden Wunderkerzen und Tischfeuerwerk, noch mit Blattgold oder lasziv geöffneten frischen Feigen und Pflaumen dekoriert sein...

Kein Drink
ohne das
gewisse Extra!

Ganz gleich, ob es »nur« für eine saftige Orangen- oder Limettenscheibe am Glasrand reicht, oder ob Sie aufwändige marktfrische Fruchtspießchen vorbereiten und das Glas mit Minze und einem Zuckerrand verzieren – nie vergessen: Erotic Drinks verzaubern alle Sinne. Ein »nackter« Cocktail ist wie Trainingshosen und Schlabberpulli beim ersten Rendezvous!

Ein Cocktail
ist kein
Fruchtsalat!
Oder doch?

Für Erotic Drinks gelten, wie bereits beschrieben, andere Gesetze als für die Stil-Apostel in den Szene-Bars. Man darf eine Piña Colada ruhigen Gewissens auf frischen Erdbeeren, Kirschen oder Aprikosenhälften, einen Mai Tai auf (ungequetschten!) Limettenvierteln, einen Brandy Alexander auf Stückchen von Zartbitterschokolade – und einen Martini auf genau einer Olive aufgießen ... Experimentieren Sie! Sehen Sie selbst, was optisch und geschmacklich harmoniert.

Das richtige Glas

Professionelle Barkeeper legen viel Wert auf das »authentische« Glas für einen bestimmten Drink. Natürlich kann man eine Caipirinha schlecht in einem Martiniglas
servieren und ein Champagnercocktail wird in einem dickwandigen Old-Fashioned-
Glas nicht schmecken. Aber ansonsten: nur Mut. Sahnige Cocktails wirken in einem
Weißweinglas sehr ansprechend, fruchtige Longdrinks in einem Rotweinkelch. Wer
schöne Schnaps- oder Grappagläschen besitzt, kann einmal versuchen, einen sehr
starken Cocktail in homöopathischer Dosis auszuschenken. Schließlich geht es ja
nicht ums »Abfüllen«, sondern um den Genuss ...

Gewöhnliche Gläser
ungewöhnlich
präsentiert

Vereiste Gläser sehen toll aus, gar keine Frage. Tiefkühlfach auf – Glas rein – Tiefkühlfach zu – warten. Easy! Spektakulär dagegen (und leider nicht so leicht herzustellen) sind Gläser im Eismantel: Dafür stellt man ein kleineres Glas in ein größeres Glas oder eine Schüssel, füllt das große Gefäß mit klarem Wasser, crushed-ice oder Schnee und lässt es in der Gefriertruhe hart gefrieren. Vor dem Servieren kurz antauen, füllen, fertig. Ähnlich, nur bunter und ganz anders läuft das Spiel mit Götterspeise: Wackelpudding zubereiten, einen Teil davon genau so hoch in kleine Glasschüsseln oder große Saft- oder Wassergläser füllen wie es nötig ist, um nach dem Erkalten ein Trinkglas auf dieser »ersten Stufe« abzustellen. Beim zweiten Aufgießen mit weiterem Wackelpudding lässt man es dann bis zum Rand verschwinden. Super klappt das mit kleinen Schnapsgläschen in Wassergläsern oder mehreren Longdrinkgläsern in einer größeren Schüssel aus Glas. Trinkhalme nicht vergessen!

Duft!
Saft!

Geschmack!
Gefühl!

Dekorieren Sie mit Früchten, die verboten sinnlich sind. Frisches Obst, das schmeckt, duftet und köstlich aussieht. Plastikspießchen mit Dosen-Ananas und Cocktailkirsche gibt es auch in der Kneipe. Aufregender wirkt Ungewöhnliches und Kreatives am Glasrand: herbe Apfelspalten an einem säuerlichen Drink, Feigenhälften, Pflaumen und Passionsfrucht an einem süßen. Wenn die Gläser zu zierlich sind, darf man ruhig auf einem kleinen Tablett oder Tellerchen auch größere Früchte appetitlich um den Drink anrichten. Wieso eigentlich immer Obst? Wie wäre es mit zarten Rosen, Kirsch- oder Apfelblüten? Oder ganz verwegen: Chilischoten sind sprichwörtlich ein scharfer Blickfang an einer Bloody Mary!

Accessoires
Accessoires

Aus Silberpapier gefaltete Origami-Rosen und -Kraniche am Glasrand sind ein edler und filigraner Blickfang. Wunderschön in klareren Longdrinks klimpern echte Halbedelsteinsplitter ... Und wenn wir schon bei Schmuckstücken sind: Man kann natürlich auch einen Verlobungsring auf einem Schokoladentäfelchen liegend auf einem Grashopper servieren, oder ihn – auf eine passende Olive gesteckt – aus dem Martini blitzen lassen!

Impressum

Redaktionsleitung: Birgit Rademacker
Redaktion und Lektorat: Anne Taeschner
Layout & Typographie: Wildatart, Andrea Schmidt, München
Produktion: Petra Roth
Satz und Layoutrealisierung: Bernd Walser Buchproduktion, München
Fotos: Brigitte Sauer Fotodesign, Nürnberg
Reproduktion: Penta Repro, München
Druck: Appl, Wemding
Bindung: Sigloch Buchbinderei

ISBN 3-7742-5468-0

Auflage	3.	2.
Jahr	2005	2004

Ein Unternehmen der
GANSKE VERLAGSGRUPPE

Marcus Taeschner

Der Autor ist Inhaber, »Textguru« und Buchstabenkünstler einer der angesagtesten Münchner Kreativagenturen. Als Feinschmecker mit Leidenschaft und Philosoph aus Überzeugung verrät er allerdings nicht, ob er trotz oder aber gerade wegen des schnelllebigen Werbe-Business zu dem sinnlichen Ästheten und humorvollen Schöngeist geworden ist, den man – nicht nur in Erotic Drinks & Appetizers – aus jeder seiner Zeilen herauslesen kann.
Der ganz besondere Dank des Autors gilt seiner Frau und Inspiration Anne, ohne deren scharfen Verstand und Rotstift dieses Buch nicht halb so schön geworden wäre.

Brigitte Sauer

Die Fotografin ist – wie aufgrund ihres Stier-Aszendenten nicht anders zu erwarten – passionierte Genießerin. Seit 1995 arbeitet sie als freie Fotografin für Zeitschriften, Verlage und Werbung und fotografiert mit Delikatesse und viel Einfühlungsvermögen Food, Stills und Reportagen.
Die Bilder für »Erotic Drinks« entstanden in Zusammenarbeit mit dem Foodstylist Daniel Petri.

Das Original mit Garantie

Ihre Meinung ist uns wichtig. Deshalb möchten wir Ihre Kritik, gerne aber auch Ihr Lob erfahren. Um als führender Ratgeberverlag für Sie noch besser zu werden. Darum: Schreiben Sie uns! Wir freuen uns auf Ihre Post und wünschen Ihnen viel Spaß mit Ihrem GU-Ratgeber.

Unsere Garantie: Sollte ein GU-Ratgeber einmal einen Fehler enthalten, schicken Sie uns das Buch mit einem kleinen Hinweis und der Quittung innerhalb von sechs Monaten nach dem Kauf zurück. Wir tauschen Ihnen den GU-Ratgeber gegen einen anderen zum gleichen oder ähnlichen Thema um.

Ihr Gräfe und Unzer Verlag
Redaktion Kochen
Postfach 86 03 25
81630 München
Fax: 0 89/41981-113
E-Mail:
leserservice@graefe-und-unzer.de